Original title: Frauengeflüster

Author: Daisy Dewi
Editor: Jessica Elisabeth Luik
ISBN 978-9916-39-325-3

Frauengeflüster

Daisy Dewi

Tanz der Lebensfäden

Im Weben der Zeit, so zart und fein,
Ein Tanz der Lebensfäden sein.
Sie wirbeln, kreisen, steigen und fallen,
In Harmonie und Chaos verwoben, mitnichten banalen.

Gespinst der Träume in nächtlicher Stund',
Vom Schicksal geführt in ewiger Rund'.
Durchwoben mit Hoffnung, Liebe und Schmerz,
Ein kunstvolles Werk, aus des Lebens Herz.

Jeder Schritt, jeder Takt, fügt sich ein,
In des Schicksals unermesslich Reim.
Die Fäden, sie glänzen im Mondschein so licht,
Im Tanz der Zeit, ein ewiges Gedicht.

Am Quell des Vertrauens

Am Quell des Vertrauens, rein und klar,
Fließt das Wasser, löst was einst war.
Spiegelt die Seele, tief und wahr,
Geborgenheit, in der Strömung, gar.

Leise plätschert des Baches Lied,
Trägt fort die Sorgen, die man sieht.
Sanft werden Ängste hier genährt,
In Vertrauen, das Herzen begehrt.

Der Quell des Lebens, ewig jung,
Umspielt von Flora's zartem Schwung.
Hier schöpft man Mut, wird neu befeuert,
Wo Vertrauen die Zeit beteuert.

Echos weiblicher Herzen

Echos schwingen, von Herz zu Herz,
Weiblich Sein in Freude und Schmerz.
Leises Flüstern, ein zaghaftes Lied,
Das in der Stille seine Blüte zieht.

Kraft und Zärtlichkeit eng verwebt,
Ein Band das ewig lebt und schwebt.
Weht durch Zeiten fern und nah,
Berührt die Seele, macht sie wahr.

Lausche still den alten Weisen,
Die tief aus Frauenherzen reisen.
Echos, die sich sanft verbreiten,
Weiblich Sein in all seinen Zeiten.

Pfad der flüsternden Ahninnen

Der Pfad der Ahninnen, leise, weise,
Flüsternd durch die Zeiten, auf deren Reise.
Altes Wissen, in den Wind gehaucht,
Durch die Blätter des Baumes gerauscht.

Tritt näher, hör auf das Wispern alt,
Es erzählt von Stärke, Liebe, Gewalt.
Die Ahninnen singen in des Waldes Schoß,
Ein Lied von Verbundenheit – und Verlust, groß.

Dieser Pfad, verwurzelt, stark und tief,
Er behütet Geheimnisse, als ob er schliefe.
Doch wer lauscht, dem wird viel kund,
Von der Weisheit in des Waldes Grund.

Flüchtige Begegnung der Seelen

Im Gewühl der weiten Straßen,
Zwei Geister sich kurz umfassen,
Blicke tauschen stilles Wissen,
Flüchtig sich im Nichts vermissen.

Leise Worte, kaum gesprochen,
In der Eile fast gebrochen,
Seelengrüße nur geflüstert,
Eilend durch den Wind geküsstert.

Ein Moment, der still verweilet,
Tief im Herzen sich verheilet,
Jeder Schritt trägt fort die Spuren,
Seelenspiel hinter den Mauern.

Dann der Abschied, kaum gewollt,
Was verbunden, rasch verholt,
Im Gedränge, leis' entschwunden,
Bleiben Seelen nur verbunden.

Weisungen der Dämmerstunde

Wenn das Licht sich sanft neigt,
Und der Abendwind sich zeigt,
Flüstert Dämmerung die Lehren,
Die im Tag wir oft entbehren.

Sterne blinken, leise Worte,
Führen uns zu fernen Orte,
Weisheit in die Seele webend,
Ruhe uns ins Herz legend.

Müde Augen, weit gereist,
Finden Frieden, unverleist,
In des Himmels zarten Farben,
Dämmerstunden Wunder darben.

Lausch der Nacht, sie spricht so mild,
Gibt uns Weisung, zart und wild,
In der Stille tief begreifen,
Was die Schatten uns verschweigen.

Geisterhafte Gespräche

Nacht herab, die Stimmen wogen,
Leise durch das Dunkel zogen,
Flüsternd in den alten Mauern,
Wo die Schatten leis' betrauern.

Geister, die im Mondenschein,
Führen ihre Zwiegespräin',
Sprechen von vergangnen Zeiten,
Lassen sich durch Nächte leiten.

Einstige Lieb', vergess'ner Schmerz,
Klanglos hallt's im stillen Herz,
Unter Sternen, still beraten,
Werden alte Bande braten.

Und so webt die Nacht ihr Band,
Geist auf Geist, Hand in Hand,
Säuseln Botschaften die Wände,
Bis die Morgensonne sende.

Lautlose Verbindung

Ohne Worte, ohne Schall,
Tief verbunden überall,
Blicke, die mehr sagen können,
Als die lautesten Bekunden.

Herzen sprechen, lautlos klar,
Zwischen Seelen nah und bar,
Stumme Dialoge schweben,
In des Daseins wildem Weben.

Gefühle tanzen ohne Ton,
Zart verbunden, Seelen schon,
Leise, in des Lebens Kreise,
Findet Stille ihre Weise.

Hand in Hand, ein stilles Band,
Durch die Zeiten fest verbannt,
Ohne Laut, doch voll Bedeutung,
Lautlos lebt die tiefe Bindung.

Zwischenraum der Gedanken

In Stille lausche ich den Seelenliedern,
Zwischen Flüstern und Schrei'n ein schmaler Grat.
Gedanken weben Träume, zart Gebieder,
Ein Zwischenraum getaucht in stilles Matt.

Gedanken springen, tanzen ohne Grenzen,
Wie Vögel zwischen Wolkenhimmel weit.
Sie schweben frei, der Realität entwänzen,
Im Geiste liegt verborgen die Ewigkeit.

Der Pausen füllt sich mit des Geistes Düften,
Die Phantasie, ein leicht geschwung'ner Bogen.
Erkenntnis blüht in diesen stillen Lüften,
Das Inn're reich an unbewegten Wogen.

Es birgt das Nichts, es birgt das tiefste Sein,
Ein steter Fluss, in Raum und Zeit verwebt.
Der Denker träumt im Zwischenraum allein,
Wo stilles Wissen seine Zeit erlebt.

Anmut im Austausch

Ein Blick, ein Lächeln, sanft und rein,
Die Anmut spricht in leisen Zügen.
Im Austausch findet sich der Schein,
Des Herzens stumme, süße Lügen.

Die Worte weben zarthaft Band,
Verbinden Seele mit dem Herzen.
Ein stiller, innig zärt'ger Stand,
Vergessen sind des Alltags Schmerzen.

Gesichter sprechen, Sinne hören,
Die Stille schenkt uns ihren Tanz.
Die Zeit mag fliehen oder wehren,
Die Ewigkeit fängt in dem Glanz.

Die Anmut lebt in Blicken, Mienen,
Ein Austausch ohne viele Worte.
Zwei Seelen in dem Nichts ersienen,
Gedanken bau'n aus diesem Orte.

Gemurmeltes Leben

Das Leben summt in tausend Stimmen,
Ein bunter Chor in Zwiesprach' weich.
Inmitten Trubel könnt' man glimmen,
Ein jeder Ton ist Weltreich gleich.

Gedanken murmelnd, stets in Eile,
Die Tage dreh'n im Kreis ihr Rad.
Doch jede Seele trägt die Weile,
Mit Leid und Lust in sich, die Saat.

Ein Wispern unter Blätterkronen,
Ein Raunen tief im Herzensgrund.
Im Leben gibt's kein wohl, kein ohne,
Gemurmel steigt aus des Daseins' Schlund.

Das Leben spricht in sanften Regen,
In Stromesrauschen, Windessang.
In Liebe, Wehmut, allerwegen,
Ein endlos, buntes Lebensklang.

Stimmen unter dem Regenbogen

Wenn Sonne lacht und Regen singt,
Ein Bogen bunt am Himmel steigt.
Die Welt, sie in Versöhnung schwingt,
Jede Stimme sich sanft neigt.

Die Tropfen spielen auf dem Teich,
Ein Prisma aus dem Licht gebrochen.
Die Stimmen farbenfroh und weich,
Unter dem Regenbogen gesprochen.

Die Kinder jauchzen, Hände heben,
Sie fangen Tropfen, bunt und nass.
Im Einklang alle Stimmen schweben,
Ein Wunder spiegelt sich im Nass.

Die Vielzahl in dem einen Strahlen,
Die Harmonie in Wassertropfen.
Die Schönheit lässt uns innehalten,
Unter dem Regenbogen, hoffen.

Unausgesprochene Einheit

In Stille, zwei Seelen vereint,
Geflüster, das leis im Wind weint.
Unsichtbare Fäden, die binden,
Gemeinsam das Schicksal zu finden.

Sie teilen den Herzschlag der Zeit,
Gedanken, die fliegen so weit.
Ein Blick, der mehr sagt als ein Wort,
Eine Einheit, am selben Ort.

Der Atem synchron mit dem Wind,
Ein Bund, der uns innig verbind't.
In Harmonie schweigend getragen,
Die Unausgesprochenen, ohne Fragen.

Kein Laut, der die Ruhe zerbricht,
Gefühle im Schweigen bericht't.
So bleiben sie ewig vereint,
Unausgesprochen und doch gereimt.

Samtene Töne in der Dunkelheit

Samtene Töne leise erklingen,
In der Dunkelheit sanft sie uns umschlingen.
Unsichtbare Melodien in der Nacht,
Die mit Gefühl und Sehnsucht entfacht.

Im Schatten tanzen die Noten ganz sacht,
Als hat die Stille sie mitgebracht.
Sie flüstern Geschichten, alt und voll Pracht,
In samtnen Tönen durch die Dunkelheit gebracht.

Sterne lauschen, vom Himmel herab,
Während die Musik die Nacht sanft entstab.
In jedem Echo, in jeder Zeile,
Ein Trost, ein Freund, im nächtlichen Heile.

So klingen sie weiter, die samtigen Lieder,
In Schwarz gehüllt kehren sie wieder.
Theater der Nacht, in Akustik gekleidet,
Wo samtene Töne uns dunkel begleitet.

Schwesterliches Band

Hand in Hand, ein Leben lang,
Schwesterherzen im Einklang.
Gleiche Träume, ähnlich Gedanken,
Auf gleichem Weg, ohne zu wanken.

Lachen, das in der Luft verweilt,
Geteiltes Leid, das gemeinsam heilt.
Ein Band, gewoben aus Vertrauen,
Auf das wir fest und ewig bauen.

Streit, der uns nur kurz entzwei,
Versöhnung naht, das Herz wird frei.
Das Band der Liebe hält uns fest,
Ein unsichtbarer, starker Rest.

Schwestern, durch das Schicksal geeint,
Durch jede Stürme, die Sonne scheint.
Uns hält die Verbindung so nah,
Schwesterlich Band, für immer da.

Weben der nächtlichen Gedanken

Wenn die Nacht ihren Mantel breitet,
Und der Tag dem Dunkel beugt,
Weben Gedanken sich leise,
Ein Teppich, der in die Weite zeugt.

Träumereien, flüchtig wie Nebel,
Verspinnt die Nacht mit ihrem Gewebe.
Flüsternd in den Schatten gedenken,
Die Echos der Stille erheben.

Ein jeder Faden, verdreht im Geist,
Ein Muster aus Sorgen und Wünschen.
Gedankenketten, endlos gereiht,
Von nächtlichen Schatten umflüscht.

Das Weben hört niemals auf,
Spannt Stränge von Hoffnung und Furcht.
Im Gewirr der nächtlichen Gedanken,
Findet mancher den klaren Pfad, versucht.

Momente der Verbundenheit

In stiller Stunde, Hand in Hand,
Zwei Seelen wandern, leise, sacht,
Verbundenheit im Herz entfacht,
Im Einklang mit dem Sternenstand.

Gefühle fließen, stark und rein,
Blicke treffen sich, halten fest,
Im Moment das Leben gänzlich lebt,
Wo Worte schwach, doch Taten sein.

Gemeinsam durch die Zeit wir schreiten,
Jeder Schritt wiegt gleich im Takt,
Geborgenheit, die uns umhüllt,
In Momenten der Verbundenheit.

Im Rauschen des Alltags so laut,
Finden wir ein sanftes Band,
Das uns verbindet, ohne Wort,
Ein unsichtbares, starkes Tau.

Flüstern im Pappelwald

Pappelblätter tanzen leis,
Flüstern Lieder von alter Zeit,
Ihr Rascheln trägt Geheimnisse weit,
Erzählt von Freude ebenso wie von Leid.

Im Wald, da hallt ein Wispern nach,
Vom Wind getragen, still und sacht,
Es spricht vom Leben, von der Kraft,
Die in den stillen Bäumen lacht.

Hier, wo die Schatten länger werden,
Ein Chor aus Zischen und aus Flüstern,
Er füllt die Luft mit süßen Märchen,
Und in den Herzen klingen Lieder.

Das grüne Dach, so unendlich weit,
Heim für Gedanken, die frei jetzt fliegen,
Im Flüstern des Pappelwalds gefunden,
Wo sich Himmel und Erde wiegen.

Verborgene Weisheiten

In des Lebens tiefen Gründen,
Ruh'n verborgene Weisheiten fein,
Sie zu suchen, sie zu finden,
Braucht es mehr als Sonnenschein.

Altes Wissen, in Stille gewoben,
Von Ahnen längst schon fort,
In Geschichten, Liedern, Träumen,
Versteckt an manchem Ort.

Erkenntnis liegt in Windes Wehen,
In des Baches leisem Murmeln,
In jedem Blatt, das fallend lehrt,
Dass auch im Ende sich verbirgt ein Werden.

Weise Worte sind nicht laut,
Sie flüstern leise durch die Zeit,
Nur wer still kann sie verstehen,
Findet Wahrheit, Sinn und Heiligkeit.

Mütterliches Murmeln

Ein Murmeln so vertraut und warm,
Ein Klangteppich, der die Seele umarmt,
Mütterliches Flüstern, so sacht und weich,
Schickt uns Liebe, macht das Herz reich.

Durch die Nacht, durch den Traum es führt,
Sanft wiegt es, schützt und schirmt,
Eine Melodie, die immer währt,
In ihrem Klang sich Geborgenheit mehrt.

Worte, gewebt aus Sorg' und Glück,
Singt sie leise zu uns zurück,
In jeder Silbe, in jedem Klang,
Liegt eine Umarmung, ein Anfang, ein Dank.

Aus tiefster Zuneigung sie spricht,
In ihren Liedern das Leben bricht,
Durch mütterliches Murmeln, so süß,
Jedes Kind seinen Frieden hier findet und schließt.

Geteilte Seufzer

Im Echo unserer Stimmen hier,
Ein Seufzer teilt sich uns in zwei,
Gefangen im Moment so schwer,
Wie Wellen im verlass'nen Teich.

In deinen Augen find' ich Ruh',
Gemeinsamkeit im stillen Sog,
Die Seelen zieh'n im gleichen Takt,
Zum Horizont des Lebensbogens.

Der Seufzer wandert, leise, sacht,
Durch Zeiten, die uns weise macht,
Erzählt von Nähe, fern und nah,
In unser beider Herzschlag da.

Gedanken, die im Flüstern leben,
Die wir dem Wind dort übergeben,
Verbinden uns, wenn einsam, sacht,
Zwei Herzen in der dunklen Nacht.

Nachtschatten-Gefühle

Geflüster in der Dunkelheit,
Ein Nachtschatten die Seele streift,
Gedanken in der Stille weilt,
Wo Mondlicht unsere Ängste zeiht.

Gefühle, die im Schleier tanzen,
Sie drehen, wenden sich im Glanzen,
Und in der Schwärze, tief versteckt,
Hat Trauer ihre Hand gereckt.

Nun schweift der Blick zum Firmament,
Der Nacht die tiefen Wunden nennt,
Ein Sternenmeer von Schmerz gewebt,
Das sanft die Nacht in Träume hebt.

Das Dunkel hält, was Tag verspricht,
Erlösung in des Lichtes Sicht,
So trägt der Schatten, still und weich,
Die Seele in ein neues Reich.

Perlende Weisheiten

Wie Perlen auf der Weisheit Strang,
Ein jedes Wort so klar und lang,
Es fällt vom Himmel, still und schlicht,
Bringt Hoffnung in das Angesicht.

Im Glanze reiht sich Wahrheit ein,
Auf Fäden, die das Schicksal spinnt,
Die Zeit, sie formt mit sanfter Hand,
Erkenntnis, die im Herzen rinnt.

Mit jedem Korn, ein neuer Sinn,
Der leise in die Seele zieht,
Und Wörter, die wie Perlen klingen,
Sind's, die uns durch die Stille führen.

Wir sammeln sie, so rund und fein,
Und weben sie in's Leben ein,
Die Perlenschnur, so lang und weit,
Sie führt uns durch die Ewigkeit.

Unter dem Mantel des Geistes

Im Schatten des Gedankenschildes,
Bewegt sich Geist im Raum so wildes,
Verhüllt in Mantels Falten tief,
Wo Stille Wissen leis' entschlief.

Der Mantel schwingt, er weht, er leitet,
Durch Labyrinthe, die er breitet,
So manche Wahrheit dort versteckt,
Die unser Innerstes erweckt.

Er hüllt uns ein, schenkt uns Geborgen,
In seinem Schutze, frei von Sorgen,
Und schickt die Traumesfäden weit,
Durch des Verstandes Dunkelheit.

Dort unter'm Geistes weisen Zelt,
Entfaltet sich die wahre Welt,
Gedanken, die im Stillen reifen,
Die uns zur tiefsten Erkenntnis streifen.

Flüstern zwischen Blattwerk

Leise spricht das Laub im Wind,
Ein Geheimnis, flüchtig wie der Sinn,
Zwischen Zweigen, zart umspielt,
Die Stille hat es gut verheilt.

Tanz der Blätter, ein Gedicht,
Kein Ohr vernahm, das Schweigen bricht,
Flüstern in des Abends Kühle,
Trägt weit fort die grüne Fühle.

Hauch der Zeit, in Schatten gebettet,
Von taufrischem Moos umnetzt,
Das Blattwerk, es wispern lässt,
Vergänglichkeit zart eingefasst.

In jedem Rauschen, Wort für Wort,
Verborgen Botschaft, stummer Ort,
Die Natur in Sprache gehüllt,
Harmonie in Grünes gebild.

Zärtliches in der Abendbrise

Die Abendbrise, sanft entfacht,
Trägt Liebkosungen durch die Nacht,
Zärtlichkeit in jeder Regung,
Besänftigt Herz und Gemüt in Regung.

Sie haucht den Blüten Träume zu,
In Düften steigt der Sehnsucht Bu,
Jeder Hauch ein süßer Kuss,
Die Welt umhüllt im sanften Fluss.

Sterne nicken im stillen Einverständnis,
Die Brise spielt ihre Melodie so kenntnis,
Berührt die Wangen, streichelt Haar,
Verspricht in Stille, ich bin da.

Leicht wie Federn in der Luft,
Webt die Brise Duft um Duft,
Die Stille atmend, rein und weise,
Erfüllt das Herz mit zärtlicher Speise.

Unter der Pergola des Verstehens

Im Schatten der Pergola geborgen,
Wo Worte reifen, niemals sorgen,
Versteht das Schweigen, leise, leise,
Erblüht die Einsicht, Stück für Weise.

Gespräche fließen hier ganz sacht,
Geben dem Verstehen neue Macht,
Ranke um Ranke, Hoch hinaus,
Eröffnet sich ein geheimer Schmaus.

Unter dem Dach des grünen Laubs,
Wächst der Gedanke, nimmt seinen Lauf,
Das Verstehen, eine süße Frucht,
Erntereif, in der Stille sucht.

Wachsen Worte hier zur Ruh',
Entfalten sich und finden du,
Pergola des Verstehens, Ort aus Traum,
Zwischen Blatt und Ranken, ein Raum.

Stimmen unter Sternen

Unter dem Tuch aus Nacht gespannt,
Flüstern Sterne über das Land,
Stimmen tragen weit und breit,
Über Zeit und Raum, Ewigkeit.

Kosmischer Chor, in Silberlicht,
Jeder Stern, ein Gedicht,
Alte Geschichten, neu erzählt,
Durch die Dunkelheit, sanft vermählt.

Nachthimmel öffnet Herz und Ohr,
Erzählt vom Leben, immerfort,
Stimmen im Unendlichen verwoben,
Unter Sternenzelt hoch dort oben.

Sie singen von Geduld und Glanz,
Jede Nacht bietet neuen Tanz,
Stimmen leiten durch das Dunkel,
Ein universumweites, stummes Gemunkel.

Leise Weisheiten der Nacht

Leise spricht die Nacht zu mir,
Mit sanften Tönen weist sie hin,
In ihrem Dunkel, ganz diskret,
Versteckte Träume, fein und zinn.

Sie flüstert Weisheit alt wie Zeit,
Der Sterne Glanz gibt ihr Geleit.
Die Mondin lauscht, so rund und satt,
Verbündet in der Ewigkeit.

Ein Hauch von Wahrheit schwebt heran,
Aus tiefen Schatten, ledern, zart,
Die Nacht, sie webt ihr stilles Band,
Und teilt Geheimnis, unverzagt.

Im Dunkel liegen Worte nackt,
Geborgen in der Stille Macht,
Mit Weisheiten, die leise sind,
Gibt die Nacht dem Tag bedacht.

Ein Geflüster von Freiheit

Freiheit weht in lauer Luft,
Flüstert durch des Waldes Duft,
Küsst die Seele, wild und frei,
Trägt die Träume stets entzwei.

Sie flüstert leise, ohne Scheu,
Durchbricht die Stille, stark und neu,
Lässt Ketten fallen, Schritt für Schritt,
Wirkt im Verborgenen, ein zartes Lied.

Der Geist erwacht in ihr Geflüster,
Lässt los der Welt enges Muster,
Freiheit tanzt in jedem Blatt,
Ein leises Lied, das Stadt nicht hat.

Im Fluss der Lüfte, weit gesät,
Bricht Freiheit Bann, wird nie verwehrt,
In jedem Atemzug so rein,
Wird Freiheit stets Gefährte sein.

Botschaften des Zwielichts

Wenn Licht und Dunkel sanft sich einen,
Im Zwielicht leise Botschaften keimen,
Der Tag neigt sich zum Abschiednied,
Die Nacht umarmt, bevor sie flieht.

Zwielicht, Zeit der Dämmerung,
Erzählt Geschichten, alt und jung.
Scheinbar endend, neu beginnend,
Wandelnd jedes Erdenkind.

Schatten strecken ihre Finger,
Während das Licht noch länger linger,
Flüstert das Zwielicht, süß und schlicht,
Eine Lehre im Dämmerlicht.

Die Botschaft ruht im Übergang,
Vom Tag zur Nacht – ein leiser Klang.
Zwielicht webt sein zartes Band,
Getränkt in Geheimnis, fein gespannt.

Flirrende Geheimnisse

Im Glanz des Tages, unentdeckt,
Flirrt ein Geheimnis, unversteckt,
Zwischen den Zeilen des Bekannten,
Liegt das Verborgene, zuweilen scherzend.

Flirrende Hitze, Luft am Zittern,
Kann Gedanken leicht erschüttern,
Geheimnisse tanzen, voller Tücke,
Verbergen sich vor schnellem Blicke.

Geheimnisse haben ihren Reiz,
Sie flirrn und schwingen im Sonnenkreis,
Im Flimmern, zwischen Licht und Schatten,
Wo sie Gedanken sanft umgarnen.

Das Geheimnis, es lebt und bebt,
In jedem Augenblick, der schwebt.
Im Flirren, still, sie es bewahren,
Die Schätze, die im Stillen klaren.

Gesprochene Silberstrahlen

Im Mondschein Klang der Stille,
Silbern ziert die Nacht der Schein.
Worte sanft wie Blütenpracht,
Wecken Seelen, flüstern fein.

Fließen durch die Zweige leise,
Rinnen wie ein Strom aus Licht.
Nachtigallen singen weise,
Silberstrahlen, Gesicht zu Gesicht.

Mir im Traume zaghaft schwebend,
Schimmernde Gedanken klar.
In der Sternennacht verwebend,
Gesprochene Wunderbar.

Still die Lüfte, Worte tragen,
Echo hallt im Zeitenraum.
Silberglanz in allen Lagen,
Nacht verschließt den Silbertraum.

Symphonie der Gefühle

Leise pocht das Herz, beginnt zu singen,
Symphonie der Liebe, Leidenschaft.
Gefühle, die in Tiefen dringen,
Füllen die Nacht mit ihrer Kraft.

Noten schweben, schwindeln, steigen,
Klingen süß und schmerzen sacht.
Eine Melodie kann zeigen,
Was in Seelen tief gedacht.

In jedem Takt, in jeder Wendung,
Harmonisch doch so komplex schwer.
Kreisen in ewiger Versendung,
Symphonie, so innig, zart und mehr.

Streich' die Saiten, lass erklingen,
Was uns still im Innern hält.
Lebenslieder will ich singen,
Bis die Symphonie verfällt.

Geheimnisvolle Gärten

Hinterm Mauerspalt verborgen,
Liegt ein Garten, ungezählt.
Raunen, Flüstern, leise Sorgen,
Wo das Grün die Zeit erwählt.

Pfade, die geheimnis wandern,
Durch das Dickicht, unter Bäumen.
Blütenfarben, bunter, ander'n,
Orte, von denen wir nur träumen.

Springbrunnen in stiller Mitte,
Plätschern Lieder, alt und weise.
Jeder Strauch und jede Ritte,
Wächter alter Gartenreise.

Dämmerlicht und Mondenschein,
Ummanteln die verborgne Pracht.
In den Gärten, still allein,
Wächst die Magie der Sternennacht.

Flüsternde Reflexionen

Im Wasser spiegelt sich die Welt,
Flüsternd teilt sie ihr Gesicht.
Reflexionen, die gefällt,
Erzählen schweigend eine Sicht.

Leise Rimpel auf der Fläche,
Zeigen Leben unter Strom.
Bilder, die noch leise bräche,
Im Teich, im Fluss, im Meeresstrom.

Gedanken wie ein Wasserfall,
Fließen, rauschen, nicht zu fassen.
Spiegeldunst in jedem Hall,
Flüsternde Reflexionen, die erblassen.

Horch, die Wellen erzählen Geschichten,
Von dem, was war und noch wird sein.
Im sanften Fluss der Gesichter,
Verliert sich die Zeit, ganz fein.

Geflüsterte Horizonte

Sanfter Wind, er trägt ein Wort,
Über Kämme leis' gehoben,
Flüstert sacht von Ort zu Ort,
Wo die Sterne sich verwoben.

Flügelrauschen in der Nacht,
Echos hallen, fernen Zonen,
Träume auf der Reise sacht,
In den Horizont geflohen.

Weite Räume, still und weit,
Hauchen Düfte, zart, befreiend,
Ehlen fort in Ewigkeit,
Stetig, leise Zeiten dehnend.

Berge wiegen sich im Reigen,
Horizonte leis' durchbrochen,
Sternewege sich nun zeigen,
Geflüstertes wird ausgesprochen.

Lied der schlafenden Felder

Mondlicht streichelt grüne Wiesen,
Sanft die Ähren sich wiegen,
Sterne wachen, unverdrossen,
Bis die Morgensonne siegen.

Flittertau auf Blättlein taut,
Schläfrig ducken sich die Felder,
Traumgespinste, fein gebaut,
Schweben über Erdenshelder.

Friede deckt das Land mit Segen,
Flüsterhauch der Nacht entweicht,
Felder ruhn in stillen Wegen,
Bis die Lerche Himmel erreicht.

Schwärze weicht dem frühen Lichte,
Nebel schwinden, Sicht wird klar,
Tag erwacht in stiller Pflichte,
Felder träumen offenbar.

Silhouetten im Abendrot

Feuerhimmel, weit und groß,
Schattenwürfe zart sich malen,
Silhouetten, scharf und bloß,
Tanzen in den Abendstrahlen.

Umrisse von Baum und Strauch,
Schwarz auf Glut, sie stehn im Kontrast,
Endtagsgedanken, ein alter Brauch,
Verwehen im Wind, so weich und blass.

Hügel sammeln das letzte Licht,
Bergeskontur im Dämmerschein,
Zwielichtmomente, Gesicht zu Gesicht,
Versinken leis' in der Dunkelheit Sein.

Abendrot klingt langsam aus,
Sterne blinzeln, Nacht beginnt,
Stille legt sich übers Haus,
Bis der neue Tag gewinnt.

Wispernder Mohn

Mohnfelder in der Mittagsgluh',
Flüstern leis', ein rotes Meer,
Blütenköpfe nickend ruh',
Wispern von der Leichtigkeit sehr.

Vom Winde sanft dahin getragen,
Ihre Samen, leicht wie Sorgen,
Versprechen bunt die komm'gen Tagen,
Flüstern Lebewohl dem Morgen.

Kronen in der Sonne Weh'n,
Ein rotes Lied, das leicht verhallt,
Im Feld verborgen, kaum zu seh'n,
Der Mohn, so leise, würdevoll entfaltet.

Schwanken im vergänglich' Schein,
Ihr Flüstern trägt der Tag davon,
Bis Mohn in Schlaf wird sanft entgleiten,
Und träumt von Sonnenwiederkehr, im stillen
Sonnenwonn.

Echo des innewohnenden Lichts

Im Widerschein der Morgenröte,
getaucht in frühes Lichtgeschehen,
wird zart ein Tag zum Leben weite,
wo Träume sanft zu Himmel gehen.

Ein Strahl, geboren aus der Stille,
durchbricht die Schatten, leise, sacht,
erweckt die Seelen zu der Fülle,
die in uns ruht, kaum je bedacht.

Jedwede Regung, jedes Sehnen,
ein Echo in der Ewigkeit,
antwortet still auf unser Ahnen,
entzündet das, was immer bleibt.

Im Innersten ein Leuchten tragen,
als stetes Feuer, klar und licht,
die dunklen Nächte zu erjagen,
bis in das Herz das Dämmern bricht.

Das Band zwischen den Zeilen

Zwischen Zeilen, Worten, Zeichen
verbirgt sich mehr als bloße Schrift,
sie spannen Bänder, die erreichen,
was tiefer liegt, als Augensicht.

Verborgne Botschaft, zarte Fäden,
die sich im Geiste weben, fliehn,
ein Netz, verwoben mit dem Leben,
das nur Verstehende durchziehn.

So flüstert jede stille Silbe,
ein Ruf, der in die Tiefe dringt,
ein Band, das Herz zu Herze knüpfe,
wenn wahrhaft das Verstehen klingt.

Geheime Sprache zwischen Linien,
ein Dialog, der sacht entsteht,
im Stillen sich die Seelen dienen,
das Band, das niemals untergeht.

Im Reigen der Vertraulichkeiten

Im Reigen leiser Vertraulichkeiten,
bewegt sich Wort zu Wort mit Zärtlichkeit,
wo Seelen sich im Tanze nahen,
begründen sie ein ungesprochen Einverständnis.

Die Blicke, leise Boten, Gleiter,
die zwinkernd Geheimnisse verraten,
sind stumme Zeugen dieser Stunden,
die ohne Laut im Herzen münden.

Gedanken, die wie Blätter fallen,
im Wirbelwind der Stille hallen,
sie tragen weit, sie tragen leise,
in diesem sachten, heimlich Reise.

Und in des Dämmerlichtes Weichen,
bleibt doch dieser Raum bestehen,
der zarten Austausch wird bezeigen,
im Reigen unsichtbarer Welten.

Duftender Dialog

In Düften spricht die Welt zu uns,
ein Dialog, der schweigend tanzt,
Von Blüte zu Blüte, hauchend fort,
ein Wort, das sich in Luft verpflanzt.

Die Rose sendet süße Grüße,
der Jasmin webt betörende Spur,
die Sinne, sie verstehen leise,
diesen atmenden, duftenden Schwur.

Lavendelfelder, weite Reiche,
dern Wesenheit in Winden trägt,
ein Duftgespräch, das sacht erreicht,
was in uns still und innig liegt.

So atme tief ein und lausche,
dem stillen Flüstern, zart entfacht,
im duftenden Dialog der Pflanzen,
ein fortwährendes Gespräch der Nacht.

Glanz in einsamen Stunden

Wenn sich die Stille leise breitet,
Und der Mond am Himmel wacht,
Findet Glanz in einsamen Stunden,
In der Dunkelheit unerwartet Macht.

Leise flüstert der Wind die Gedanken,
Stirbt der Tag, erwacht die Nacht.
Funken Hoffnung im Herzen zünden,
Sternengleich in der Einsamkeit Pracht.

Einsame Stunden, zum Träumen genutzt,
Glanz in der Stille, im Herzen entfacht.
Trübsal weicht, das Gemüt sich schmückt,
Mit dem Glanz, der sanft die Nacht umsacht.

Vertraute Schatten

Durch das Zimmer schleichen Schatten,
Freunde der Vergangenheit.
Flüstern leis' von alten Schlachten,
Zeugen längst vergessener Zeit.

Sie erzählen mir von Tagen,
Als das Leben noch unentdeckt.
Waren bei mir, ohne Fragen,
Haben sich an meine Seite gestreckt.

Nun, im Dämmerlicht so traut,
Spielen sie ihr stilles Spiel.
Vertraute Schatten, niemals laut,
Begleiten mich zum nächsten Ziel.

Die Dunkelheit mag Einsamkeit verbergen,
Doch im Schatten findet sich Vertrautheit.
Wie sanfte Umarmungen alter Freuden,
Sie umschlingen mich, frei von Bedauern.

Gefühle im Gleichklang

Wie zwei Wellen im weiten Meer,
Gefühle schwingen im Einklang schwer.
Zwei Seelen im selben Rhythmus gefangen,
Tanzend im Wind, von Gefühlen umfangen.

Die Harmonie spielt eine zarte Melodie,
Verbindet die Herzen, löscht jede Misere.
Zusammen im Gleichklang, stark und wahr,
Gefühle im Einklang, ein seltenes Paar.

Hand in Hand durchs Leben schreiten,
Jeder Schritt in Zweisamkeit gleiten.
Fühlen dieselbe Freude, teilen den Schmerz,
Im Gleichklang der Gefühle pulsiert das Herz.

Verstehen ohne Worte, im Blick liegt es offen,
Die Verbundenheit, in Liebe gewoben.
Gemeinsamer Takt, der uns leitet und hält,
Gefühle im Gleichklang, das größte Geschenk der Welt.

Lächeln im Kerzenschein

Ein Lächeln im Kerzenschein so warm,
Hüllt die Seele in sanften Schwarm.
Zartes Glühen im Gesicht,
Eine stille Botschaft, ein Gedicht.

Die Flamme tanzt, die Schatten spielen,
Im Lächeln verborgene Wünsche zielen.
Blick voll Zauber, voll stiller Kraft,
Im warmen Schein der Kerze geschafft.

Kein Wort gesprochen, es ist nicht nötig,
Das Lächeln spricht, es wirkt so sittig.
Ein Moment der Ruhe, der Stille, der Ruh,
Im Kerzenschein find ich zur Zuversicht nu.

So möge das Licht die Finsternis meistern,
Und das Lächeln mein Herz weiter begeistern.
Im Kerzenschein, da scheint die Zeit still,
Ein Lächeln, das sagen will, was es will.

Seelengeflecht im Sonnenglanz

Im Weben des Lichts, so zart und rein,
Gedanken tanzen im Sonnenschein.
Wie Seidenfäden in Morgenglanz,
Umspült die Wärme das Seelengeflecht ganz.

Geflüster der Blätter, ein leises Singen,
Gefühle, die sanft um die Herzen ringen.
Sonne küsst die Träume wach,
In jedem Strahl spiegelt sich die Nacht.

Jeder Moment in Gold getaucht,
Die Stille des Seins wird hier gebraucht.
Im Sonnenglanz so still und weit,
Finde ich Ruhe vor der Endlichkeit.

Die Welt im Licht, so schwerelos,
Die Seele schwingt, wird grenzenlos.
In strahlender Pracht der Stunden Lauf,
Nimmt das Seelengeflecht seinen Gang hinauf.

Stimmen aus der Stille

In der Stille, tief vergraben,
Lausche still den Stimmen, die laben.
Flüstern leise, tragen weit,
Erzählen Geschichten aus alter Zeit.

Winde wehen, Stimmen tragen,
Durch das Schweigen der vergangenen Tagen.
Echo hallt von Berg zu Tal,
Als stimmte an ein alter Choral.

Höre hin, so offenbart,
Stille, die in sich selbst erstarrt,
Wird zum Raum für Worte, altbekannt,
Trägt die Weisheit durch das Land.

Lass sie ein, die Stimmen schallen,
Hüter der Zeit, sie überfallen.
Geborgen in des Schweigens Schoß,
Stimmen aus der Stille, erlösend groß.

Gedankenflug im Dämmer

Wenn das Licht sanft den Himmel krönt,
Und der Tag sich zur Ruh' verhöhnt,
Streift der Geist durch Dämmerung,
Im Gedankenflug, ein leiser Schwung.

Schatten tanzen, verschmelzen sacht,
Mit der Nacht, die leise lacht.
Träume weben im Zwielicht Spiel,
Gedanken fliegen, suchen ihr Ziel.

Sterne flimmern, wachen treu,
Über den Horizont, weit und frei.
Im Dämmerlicht beginnt die Reise,
Gedankenflug, in stiller Weise.

Lass dich tragen, in der Nacht,
Wo Gedanken leise erwacht.
Im Dämmerflug, frei von Scheu,
Findet die Seele den Weg, ganz neu.

Verschleierte Empfindungen

Hinter Schleiern, verborgen tief,
Wo Empfindung leis' in Schatten schlief.
Verhüllt das Herz, was es wirklich meint,
In den Falten des Stoffs, still und vereint.

Nur ein Hauch, ein zartes Sehnen,
Durch den Schleier, in stillen Tränen.
Kann nicht sprechen, kann nicht schreien,
Verschleierte Empfindungen, sie bleiben.

Regen fällt, benetzt das Tuch,
Durchfeuchtet des Gefühls verborgene Bucht.
Schleier lichtet sich im Tau,
Macht der Seele sichtbar, rau und flau.

So zeige dich, oh Empfindung, echt,
Bevor der Schleier erneut dich deckt.
Im Verborgenen liegen, unwirklich, sacht,
Verschleierte Empfindungen, in ihrer Pracht.

Harmonie im Verständnis

Im Einklang stehen die Gedanken,
Freudig wie die Wellen schwanken.
Das große Herz, es hört und sieht,
Verständnis, das durch Seelen zieht.

Einander stützend Hand in Hand,
Entsteht ein unzertrennlich Band.
Worte fließen sanft und weise,
Bauen Brücken, starke, leise.

Gedankenströme fließen klar,
In jedem Wort, in jeder Narr.
Harmonie in uns geboren,
Hat kein Verständnis je verloren.

Die Welt wird klein, wenn Herzen hören,
Des anderen Wort nicht mehr empören.
Zusammen in der Eintracht's Macht,
Wird jede schwäre Last weich und sacht.

Zerbrechliches Wortgeflecht

Zart weben Worte ein feines Netz,
Bald kraftvoll stark, bald schütter Scherz.
Sie halten viel und brechen doch,
Im Wirbelwind des Lebens Joch.

So hauchdünn die Verbindung scheint,
Hält sie doch fest, was Freundschaft meint.
Geflüsterte Träume, zarte Bande,
Bewahren sie vor des Alltags Schande.

Doch achtlos ausgesprochene Worte,
Zerstören schnell des Friedens Orte.
So sei behutsam mit dem Gesprochenen,
Das Wortgeflecht bleibt unzerbrochenen.

Ein jeder Ton in Luft gewoben,
Trägt Hoffnung, die wir stets erproben.
Wie Glas so zerbrechlich und so klar,
Spiegelt unser Innerstes wunderbar.

Wogen der Zuversicht

Auf dem Meer der Hoffnung reiten,
Wellen der Zuversicht uns leiten.
Sie tragen uns durch Nacht und Wind,
Hin zu einem neuen Beginn.

Vom Gipfel stürzen sie ins Tal,
Durchbrechen jede düst're Qual.
Mit Kraft, die stetig vorwärts treibt,
Dass in der Dunkelheit noch Licht verbleibt.

Sie umfassen uns mit Macht,
Geben uns neue Lebenskraft.
Die Wogen schenken uns den Glauben,
Dass wir unsere Träume bauen.

So schreiten wir voran mit Mut,
Durch Sturm und Regen, kühn und gut.
Die Zuversicht lässt uns nicht wanken,
Wir segeln weiter, voller Danken.

Stimmengewirr im Sonnenlicht

Im flirrenden Schein des Tages Neu,
Erhebt sich ein Chor, bunt wie der Maienreigen.
Stimmen vermischen sich, fröhlich und frei,
Schwirrend wie Schmetterlinge unter blauem
Himmelszelt.

Kinderlachen schallt durch die Luft,
Alte Geschichten flüstern im Wind.
Das Stimmengewirr, wärmend wie Sonnenstrahlen,
Erzählt von Leben, laut in seinem bunten Treiben.

In der Mitte des Lärms, stille Poesie,
Ein Herz hört zu, ergriffen von Melodie.
Das Sonnenlicht, es tanzt zwischen Wort und Klang,
In Harmonie vereint das bunte Stimmengemisch.

Die Worte fließen, weben Netz aus Licht,
Ein Teppich aus Klängen, im Sonnenschein so dicht.
Jedem Ton folgt Herzschlag, friedvoll und sacht,
Das Stimmengewirr im Sonnenlicht, eine Welt voller
Pracht.

Verschwiegene Pfade

Auf leisen Wegen, still und verborgen,
Unter den Kronen, verschwiegen, so sacht,
Schritte im Moos, die kaum noch Sorgen,
Geheimnisse flüstern in der Nacht.

Wo das Gesträuch sich sanft darf biegen,
Im Schattenalter alter Rinde,
Verweilen Seelen, in Stille sie siegen,
In verschwiegene Pfade, sie sich finden.

Wind singt leise durch das Geäst,
Blätter tanzen in zarter Huld,
Ein Pfad, der kaum sich betreten lässt,
Hält die Zeit hier mit Geduld.

Verlassene Wege, Natur regiert,
Ein Lied von Ewigkeit, ungeniert,
Wo nur die Sterne Zeugen sind,
Verschwiegene Pfade, vom Mensch geziert.

Direktes aus dem Herzen

Was aus der Tiefe bricht, unbeirrt,
Ehrlich und klar, es wahrhaft spricht,
Direktes aus dem Herzen, ungefiltert Wort,
Eine Sprache der Liebe, am rechten Ort.

Kein Raum für Zweifel, lediglich Gefühl,
Gedanken in Purpur und Seelen in Grün,
Herzworte blühen ohne Kalkül,
Was wirklich zählt, lässt sich hier spür'n.

Stark wie ein Strom, der zum Meere zieht,
Klar wie ein Bergsee, tief und klar,
Die Essenz des Herzens, verzerrt sie nicht,
Offenbart die Wahrheit, macht sie wahr.

In der Stille der Brust, die Stimme so laut,
Sie durchbricht den Schleier, zeigt sich unverhaut,
Direktes aus dem Herzen, so frei, so rot,
Ein liebender Schrei, in Glück und Not.

Gemurmel hinter Blüten

Inmitten Blumen, Farbenspiel,
Lausche still dem leisen Ziel,
Gemurmel, kaum ein Wispern haft,
Geheimnisse getragen auf Blütenkraft.

Summen der Bienen, ein Tänzeln im Licht,
Wortloses Sprechen, Gesichte dicht,
Ein Flüstern, das sich verfängt im Duft,
Hinter Blüten verborgen, trägt es in die Luft.

Rosenlippen, die im Winde kosen,
Petaloide Träume, süß und verborgen,
Im Gemurmel hinter Blüten verborgen,
Wächst ein Zauber, still geborgen.

Whispers getragen von Blatt zu Blatt,
Eine stumme Unterhaltung, die Leben hat,
Die Blüten, die sprechen leise zur Biene,
Ein Tanz der Natur, im feinsten Gekräusel, so reine.

Flüsternde Dämmerfahrt

Vom Tag zur Nacht, im Zwielichtsweichen,
Färbt sich der Himmel, beginnt das Streichen,
Flüsternde Dämmerfahrt, ein sanfter Reigen,
Sterne, sie lugen, beginnen das Zeigen.

In Dämmerung getaucht, die Welt so leis',
Das Dunkel kommt, doch sanft es preist,
Die Stille des Abends, in Ehrfurcht gekleidet,
Die Seele atmet auf, in Stille geleitet.

Lichter der Stadt, ein Funkeln im Grau,
Der Tag verblasst, nimmt Abschied genau,
Flüsternde Räder, die Nacht entgegen,
In der Dämmerfahrt finden sich Wege, verwegen.

Das Rauschen des Winds, ein Kuss so weich,
Die Wege verschleiern, im Dämmerbereich,
Flüsternde Dämmerfahrt, trägt heim die Gedanken,
Unter dem Mantel der Nacht, ohne Schranken.

Spiegel der Seele im Gespräch

In deinen Augen funkelt das Licht,
zwei Sterne funkeln, Gesicht zu Gesicht.
Sie erzählen stumm, was Worte nicht fassen,
Spiegel der Seele, die niemals ermatten.

Jeder Blick, jede Geste verrät,
eine Geschichte, die leise entsteht.
Ein flüsterndes Echo in des Anderen Ohr,
unhörbar doch spürbar, zieht es uns vor.

Zwischen uns fließt ein unsichtbarer Fluss,
aus Vertrauen und Liebe, kein hörbarer Gruss.
Im Dialog der Blicke, so klar und so rein,
zeigt sich das Innere, lässt niemanden allein.

In stummer Konversation, so tief und echt,
zeigt sich das Herz, offen und schlecht.
Im Spiegel der Seele, Gespräche ganz nah,
gehen wir gemeinsam, Jahr um Jahr.

Zarte Worttupfer

Mit Worten so zart und fein gemalt,
das Schweigen sanft, die Zeit anhält.
Zarte Tupfer in die Nacht gesetzt,
eine Sprache, die Leise ins Herz vernetzt.

Wie Farbtupfer auf einer weißen Leinwand,
zeichnen Worte Muster, zart und gewandt.
Ein Gedicht, ein Flüstern im Wind,
da findet jede Seele geschwind.

Ein leises Wispern, ein Hauch, ein Sinn,
Worttupfer tragen Gefühle dahin.
Sie ziehen Kreise im Wasser des Lebens,
leicht und sachte, in ewigen Strebens.

Im sanften Klang der stillen Phrase,
ein Hauch von Liebe, den jeder auserwähle.
Mit Worttupfern die Welt verzaubern,
Gemälde der Poesie, die niemals erlauben.

Tiefe im Schweigen

Im Schweigen liegt eine unergründete Tiefe,
ein Raum voll Geheimnisse, zart wie die Schneeflocken
leise,
Wo Worte enden, fängt an zu sprechen das Seufzen,
die Stille erzählt, was Lärm nie zu entfalten vermag.

Ein Blick, ein Atemzug, die Welt still umfangen,
Tiefen, die nur die Ruhe zu deuten verlangen.
Im Schweigen die Seele sich leise entfaltet,
in der Stille des Daseins, wo Frieden waltet.

Kein Laut dringt ein, in diesen tiefen Frieden,
das Herz findet Ruhe, von all seinem Leiden.
Schweigen schenkt Klarheit, in unruhiger Zeit,
eine Insel der Stille, inmitten des Streits.

In der Tiefe des Schweigens sind wir nie allein,
unsichtbare Fäden weben das Sein.
So finden wir Antworten, tief in uns drinnen,
im Schweigen, wo wahre Weisheit beginnen.

Hände voller Geschichten

Hände sprechen, erzählen von Leben,
von Lasten, die sie trugen, und Glück, das sie geben.
Jede Falte, jede Linie eine Geschichte für sich,
erzählen von Stürmen, von Wärme, von Licht.

Sie halten die Liebe, streicheln das Leid,
wendig und kräftig, voll Zärtlichkeit.
Hände schaffen Brücken, verbinden und führen,
bis in die Gefilde, wo Träume berühren.

Ausgestreckt in Momenten, da Worte nicht reichen,
können sie Trost und auch Hoffnung verleihen.
Gebärden, berühren in der Welt stummen Tanz,
Hände voll Geschichten, voll Liebe, voll Glanz.

Sie pflanzen die Blumen, schreiben die Briefe,
zeichnen die Wege, die Hoffnung versprechen.
In den Händen liegt Kraft, liegt das Schicksal versteckt,
deren Pfade durch Leben, Liebe und Leid gezogen.

Wispeln der Vertrautheit

In sanfter Nacht, der Himmel klar,
Zwei Seelen flüstern, wunderbar,
Ein Band, so zart und doch so fest,
Vertrauen wärmt hier jedes Nest.

Im Blick ein Meer aus tiefem Sinn,
Die Worte weich, ein zarter Kinn,
Geschichten aus dem Leben geraubt,
Vom Vertrauen sanft umlaubt.

Ein Wispeln nur, kein lautes Wort,
Führt uns an diesen heim'gen Ort,
Wo alles Lautlose wird gehört,
Und stille Nähe uns betört.

Die Zeiten ändern ihren Lauf,
Doch diese Stimme nimmt ihren Kauf,
Ein Flüstern, das die Zeit überdauert,
Von Vertrautheit zärtlich ummauert.

Einfühlung im Flüstern

Ein Flüstern trägt Gefühl im Klang,
Durchschreitet Seelen ohne Zwang,
Es berührt, umhüllt und hält,
Vernimmt, was uns im Innern quält.

In leisen Tönen spricht es wahr,
Offenbart uns, was verborgen war,
Einfühlung reicht die Hand so weich,
Versteht jedes Schweigen gleich.

Es zeichnet Nähe in die Luft,
Trägt Sorge und verborg'ne Zunft,
Ein Stimmlein nur, kaum zu vernehmen,
Doch kann es sanft das Herz entflammen.

Im Einklang sind Gefühl und Wort,
Das Flüstern trägt uns sicher fort,
In einen Raum voll Zartgefühl,
Wo Stille spricht und Liebe spielt.

Dialoge des Herbstwindes

Der Herbstwind weht, er tobt und flüstert,
Erzählt von Zeiten, die er küsst er.
Die Blätter tanzen seinen Reigen,
Im Wirbelwind der Melodien.

Er spricht von Wandel, Loslassen,
Er trägt die Samen, weht durch Straßen,
Flüstert Hoffnung in das Land,
Berührt sanft jedes Baumgewand.

Von ferne Orten kündet er,
Bringt Geschichten und Meergeruch her,
Dialoge, die er leise spinnt,
Sind Zeugen des beginn'nden Wind.

Jedem Laubhauch gibt er Klang,
In seinem Sausen, einem Gesang,
Er streichelt die erdenden Felder,
Der Herbstwind, ein Geschichtenerzähler.

Unhörbare Wellen

Im Sphärenklang, so still, so weit,
Reisen Wellen durch die Zeit,
Von keinem Ohr zu fassen,
Sie schwingen leis, im Raum verlassen.

Sie tragen Botschaften durch Nacht,
Die unhörbar ihre Reise macht,
Und doch bewegen sie die Welt,
Im Stillen, was kaum jemand hält.

Die Tiefe des Seins, verborgen klug,
In Wellen ruht der Lebenszug,
So unhörbar sie auch erscheinen,
Binden sie unsre Träume, Sehnen.

Unhörbar und doch allgegenwärtig,
Sind sie das Leben, ewigwährend mächtig,
Sie flüstern, singen ohne Schein,
In Wellen sind wir niemals allein.

Zwischen Seide und Stille

Sanfter Hauch auf meiner Haut,
Zarte Seide, fein vertraut.
Stille flüstert leise Worte,
Webt Gedanken ohne Orte.

In der Ruhe tief verankert,
Mein Geist auf Reisen, weit geschwankt.
Gedanken tanzen, leicht und keck,
Im stillen Raum, ein stiller Fleck.

Zwischen Seidenfäden schwebend,
Zeit und Raum sich leis erhebend.
Lautlos spricht die stille Macht,
Hüllt den Moment in Samt der Nacht.

Stille wogt wie Seidenwellen,
Flüstert Geheimnisse, will erzählen.
Zwischen Seide, Sinn entschwindet,
Stille bleibt, die uns verbindet.

Mystische Schleiergespräche

Nebelschleier, dicht gewebt,
Mystik, die im Mondlicht schwebt.
Flüstern zwischen Erd' und Sterne,
Gespräche fernab der Ferne.

Schleier lüften sich sacht,
Enthüllen die verborgene Pracht.
Geister tanzen im Zwielicht,
Gespräche im mystischen Gesicht.

Zarte Schatten, Hand in Hand,
Weben durch das Wolkensand.
Flüstern Wissen, alt und weise,
Schleier offenbaren leise.

Echos klingen, weit und klar,
In der Stille offenbar.
Schleiergespräche, Zeit verloren,
Mythen neu im Traum geboren.

Zauber der Nachtgeflüster

Wenn der Tag sich neigt, beginnt das Raunen,
Nachtgeflüster wirkt, beginnt zu zaubern.
Sterne flüstern in der Dunkelheit,
Erzählen von der Ewigkeit.

Der Mond, er lauscht, so alt, so weise,
Schickt Silberstrahlen auf die Reise.
Das Nachtecho trägt die Geheimnisse weit,
Verwebt sie in das Dunkel der Zeit.

Der Nachtwind trägt die Flüstertöne,
Durchfließt die Wälder, Stadt und Krone.
Zaubersprüche, sanft und leis,
Vermischen sich mit Mondeskreis.

Geisterhauch und Traumgespinste,
Im Zauber der Nachtgeflüster Minne.
Still umhüllt von Nachtgesang,
Verliert sich Zeit im Echoklang.

Schwestern des Windes

Launisch tanzen Windesschwestern,
Leiten Blätter, fachen Äste.
Flüstern durch die Wipfelkronen,
Tragen Düfte, Welt zum Testen.

Sie umschlingen sanft die Felder,
Wiegen Korn in zartem Reigen.
Erzählen Lieder alter Zeiten,
In ihrem Wispern sich verneigen.

Eilen über Meeresweiten,
Spinnen Gischt und Wogentänze.
Küsse weich auf Schaumkronen,
Schwestern wirbeln in Präsenz.

Rauschend durch die Täler streifen,
Leiten Vögel, lenken Segel.
Windesschwestern, frei und wild,
In ihrem Bunde ewig regel.

Printed in the USA
CPSIA information can be obtained
at www.ICGtesting.com
LVHW010225211123
764466LV00005B/18